ГОСУДАРСТВЕННЫЙ МУЗЕЙ ИЗОБРАЗИТЕЛЬНЫХ ИСКУССТВ ИМЕНИ А.С.ПУШКИНА

THE PUSHKIN MUSEUM OF FINE ARTS

Москва
Издательство «Изобразительное искусство»
Moscow
Izobrazitelnoye Iskusstvo Publishing House

q
208.731
G 682

Автор вступительной статьи и составитель
Ирина Александровна Антонова
Text by Irina Antonova

ISBN 5-85200-366-2

Картинная галерея Государственного музея изобразительных искусств имени А. С. Пушкина — наиболее драгоценная часть его собрания, но не единственная. Коллекции музея разнообразны: они включают произведения зарубежного искусства с древнейших времен и до наших дней, за период более чем в пять тысяч лет. Музей хранит более трехсот тысяч рисунков и гравюр, в том числе самую большую в мире коллекцию отечественной графики, превосходное собрание египетских древностей, и среди них — уникальные фаюмские портреты и коптские ткани, памятники античной скульптуры и греческие вазы, а также тысячи предметов прикладного искусства, медали и монеты. Музей располагает одним из крупнейших в мире по количеству экспонатов и полноте их подбора собранием слепков со всемирно известных памятников скульптуры Древнего мира, средних веков и Возрождения.

Становление и развитие Государственного музея изобразительных искусств имени А. С. Пушкина стоит в стороне от обычных путей формирования художественных музеев в XIX и начале XX столетия, которые складывались, как правило, на основе уже собранных коллекций.

Мысль о создании в Москве художественного музея, в котором были бы представлены образцы мирового искусства, была высказана еще в 50-х годах XVIII столетия и затем горячо поддерживалась на протяжении всего последующего столетия московской интеллигенцией. Эта мысль нашла свое отражение и в знаменитом проекте эстетического музея, опубликованном в 1831 году княгиней Зинаидой Волконской, и в деятельности нескольких поколений профессоров, собравших учебные коллекции для Московского университета. Движущей силой этих замыслов явились передовые общественные идеи о высоком просветительном и воспитательном назначении искусства. «Я от всей души пламенно желаю создания художественного музея как великого двигателя высшего образования в нашей первопрестольной столице Москве, в этом городе, где другой умственный центр — университет — так благотворно влияет не только на юные поколения, но и на общество, на литературу, на всю русскую жизнь», — писал в 1858 году первый профессор кафедры истории искусства Московского университета К. К. Герц.

Перевод из Петербурга в Москву собрания графа Н. П. Румянцева и открытие на основе его коллекции в 1862 году так называемого Румянцевского музея явилось первым по времени созданием в Москве публичного музея, включавшего произведения как русского, так и зарубежного искусства. Однако отсутствие финансовой поддержки, недостаток площади, а также разнородный, несистематический характер коллекций Румянцевского музея не сняли проблему создания музея классического искусства в Москве, а, напротив, еще более обострили ее. Не случайно основателем этого нового музея стал профессор Московского университета, директор Румянцевского музея Иван Владимирович Цветаев (1847—1913). С огромными трудностями ему удалось осуществить то, что не удавалось его предшественникам: получить в центре города земельный участок, привлечь частные средства для строительства здания музея и для приобретения первых его коллекций. Конкурс на проект здания музея принес победу известному московскому архитектору Роману Ивановичу Клейну (1858—1924).

Акт торжественного основания Музея изящных искусств имени императора Александра III состоялся 29 (17) августа 1898 года. На закладке присутствовали царская семья и высшие чины Москвы. В 1912 году он был открыт для посещений. Музей находился в ведении университета, его собрание составили слепки со скульптурных произведений классических эпох, а также к моменту его открытия — превосходная коллекция древнеегипетских памятников, приобретенных в 1909 году у известного египтоло-

га В. С. Голенищева (1856—1947), и небольшое число произведений итальянской живописи, что не меняло характера музея, хотя и указывало на пути и возможности его дальнейшего развития. Уже в 1898 году И. В. Цветаев говорил архитектору-строителю музея Р. И. Клейну о том, что будущие поколения захотят присоединить к музею картинную галерею, а в 1911 году он писал: «Что же касается живописи, то она вдвигается к нам сама собой. Пришла она из Италии благодаря щедрости трех лиц, которые, родившись в Москве, после долгой жизни за границей, и преимущественно в Италии, пожелали принести московскому Музею изящных искусств свои живописные собрания... так, властная действительность опровергла наши прежние расчеты дать место в новом музее одной только скульптуре».

Новый этап в жизни музея открылся в первые послереволюционные годы. В 1924 году Народным комиссариатом по просвещению было принято постановление о реорганизации Музея изящных искусств и о пополнении его коллекций подлинными произведениями, и прежде всего картинами. Первые два зала картинной галереи были торжественно открыты в музее в ноябре 1924 года в дни празднования 7-й годовщины Октябрьской революции. Тогда же была показана временная выставка картин, переданных музею из Эрмитажа и других собраний Ленинграда. Трудно переоценить значение этого события для художественной жизни Москвы тех лет. Оно стало, по существу, вторым рождением Музея изящных искусств, так как означало превращение учебно-вспомогательного собрания в подлинно художественный музей, основу которого составили оригинальные произведения искусства. Этот новый художественный музей в Москве формировался путем отбора частных собраний, которые поступали в централизованные хранилища на основе декретов о национализации художественных ценностей, а также путем перераспределения коллекций уже существующих музеев. Сегодня такие методы оцениваются неоднозначно, но таковой была действительность. Огромное значение для музеев страны имели декреты и постановления об учете и охране памятников искусства. Поводом для декрета Совета Народных Комиссаров «О запрещении вывоза за границу предметов искусства и старины» (24 сентября 1918 года) послужила картина школы Боттичелли «Мадонна с младенцем» из бывшего собрания княгини Мещерской, ныне находящаяся в музее.

«Галерея старой западной живописи в Москве есть свершившийся факт московской художественной жизни. Она действительно обязана своим возникновением свежести и широте музейных планов революционной эпохи. Мы верим, этот творчески-революционный дух поможет окрепнуть и развиваться своему же собственному детищу», — писал в 1926 году Н. И. Романов — директор музея, бывший хранитель Отделения изящных искусств и классических древностей Румянцевского музея. На торжественном заседании Ученого совета музея, посвященном открытию галереи, присутствовал нарком просвещения А. В. Луначарский. Он выступил с приветственным словом, в котором отметил, что в Москве впервые создается первоклассная галерея произведений живописи старых западных мастеров, достойная столицы.

В истории сложения картинной галереи музея можно наметить несколько основных этапов. Первый из них — с 1924 по 1930 год — время бурного роста коллекций музея. Именно в эти годы была проделана огромная организационная и научная работа по просмотру сотен собраний и десятков тысяч произведений искусства с целью их отбора для картинной галереи музея. Работу возглавил крупный ученый, специалист в области итальянского искусства Н. И. Романов (1867—1948), имя которого входит в историю музея с тем же правом, что и имена его основателей. Научной компетенции Н. И. Романова, его энтузиазму и энергии мы обязаны составом той части галереи, в которой представлены картины старых мастеров.

Большой вклад в создание картинной галереи в те годы внесли выдающиеся ученые В. Н. Лазарев, А. М. Эфрос, а также художник И. Э. Грабарь, возглавлявший Отдел по делам музеев и охраны памятников искусства и старины. За шесть лет в музее сложилось значительное собрание картин, в состав которого вошли произведения самого высокого качества. Основными источниками комплектования музея в эти годы стали: отделение изящных искусств Румянцевского музея, Третьяковская галерея, передавшая музею произведения западноевропейского искусства, и петербургский Эрмитаж. Большое число картин и других предметов искусства перешло из национализированных частных собраний. Таким образом, на составе музея весьма ярко отразилась история как государственного, так и частного коллекционирования зарубежного искусства в России. Систематические поступления в Музей изящных искусств начались с 1924 года. Однако первые картины пришли из Петербурга, когда еще не было не только картинной галереи, но и самого музея. Это был дар М. С. Щекина — генерального консула в Триесте, который в 1909 году передал в строящийся новый музей итальянские картины XIV—XV веков и итало-критские иконы. Этот дар оказался пророческим, и именно его имел в виду И. В. Цветаев, когда писал о живописи, которая «вдвигается к нам сама собой».

Определяющее значение для состава и уровня картинной галереи музея имели поступления из старых петербургских собраний, и прежде всего из Эрмитажа. Картины из Эрмитажа передавались в Музей изящных искусств несколько раз. Весьма значительным было поступление из Эрмитажа в 1924 году: в него вошли такие первоклассные памятники, как две редчайшие темперы сиенского мастера первой половины XV века Сассеты, эскиз Рубенса «Тайная вечеря», «Рыбная лавка» Снейдерса, а также полотна Ван Дейка, Строцци. 1925, 1927 и 1928 годы примечательны передачей произведений французских художников XVII и XVIII веков. Среди них «Бивуак» и «Сатира на врачей» Ватто, «Атрибуты искусств» Шардена, «Шарманщица» Фрагонара. Кульминационной точкой того периода явился 1930 год, когда из Эрмитажа поступили картины, художественное качество которых окончательно определило европейский уровень всего собрания в целом: «Пейзаж с Геркулесом и Какусом», «Ринальдо и Армида» Пуссена, «Вакханалия» Рубенса, «Утро молодого человека» Питера де Хоха, а также картины Кранаха, Веронезе, Мурильо, три портрета Рембрандта.

Большие богатства были собраны в частных собраниях. Около 150 картин, и среди них такие шедевры, как «Похищение Европы» Клода Лоррена, «Смерть Дидоны» Тьеполо, «Геркулес и Омфала» Буше, поступили в музей из собрания князей Юсуповых. Значительная часть этой коллекции—около 70 картин—поступила из Дома-музея Е. В. Шуваловой в 1924 году. Собрание Шуваловых оказалось чрезвычайно ценным для музея, потому что помимо прекрасных голландских и фламандских картин XVII века («Вид деревни Эгмонд» Якоба Рейсдала, «Бегство в Египет» Йорданса и другие) в нем находилась группа испанских картин, весьма редких в российских собраниях (Переда, Сурбаран), а также картины немецких мастеров XVI века.

С XVIII века активно занимались коллекционерством Строгановы. Для Музея изящных искусств особое значение имели картины, собранные графом П. С. Строгановым в середине XIX века в Италии. Это были в основном работы итальянских мастеров конца XV — начала XVI века. В этом собрании находились «Снятие с креста» Чимы да Конельяно, «Благовещение» Боттичелли и «Св. Себастьян» Больтраффио.

В январе 1924 года в картинную галерею музея вошло более 500 картин западноевропейских художников из отделения изящных искусств Румянцевского музея в Москве. Собрание западноевропейской живописи в Румянцевском музее возникло в 1862 году. Его ядром явились 200 картин, переданных из Эрмитажа как дар новому музею в год его основания. Картины были отобраны профессором Ваагеном — директором картинной галереи Берлинского музея. В их число входили такие шедевры, как «Артаксеркс, Аман и Эсфирь» Рембрандта, «Муций Сцевола» Рубенса, «Лот с дочерьми» Арта де Гелдера. В дальнейшем Румянцевский музей попол-

нялся только за счет даров частных лиц, передавших ему свои коллекции целиком или частично. В 1914 году по завещанию художника Н. С. Мосолова поступила превосходная коллекция голландских гравюр, в том числе уникальные по качеству офорты Рембрандта, а также картины западноевропейских мастеров, собранные отцом и дедом Мосолова. Небольшую, но ценную коллекцию передал в дар Румянцевскому музею в 1901 году Д. А. Хомяков — один из членов комитета по организации Музея изящных искусств. Значительный вклад в собрание Румянцевского музея внесли известный публицист Н. П. Колюпанов и М. М. Львова, передавшая коллекцию своего мужа Н. А. Львова, поэта, музыканта и архитектора. От братьев Н. А. и В. А. Мухановых, близких кругу писателей и художников 1840—1850-х годов—Гоголю, Брюллову, Иванову, поступили картины французских художников XIX века. Вместе с картинами из Румянцевского музея были переданы также рисунки, гравюры, монеты, медали и библиотека.

Картины, поступившие из московских частных собраний, чрезвычайно обогатили Музей изящных искусств в период его становления в 1920-х годах. Коллекционером высокой культуры и тонкого вкуса был Д. И. Щукин. Он отдавал предпочтение старому искусству и особенно любил нидерландских и немецких мастеров. Д. И. Щукин собирал свою коллекцию в течение тридцати лет в основном в России и еще до революции передал часть картин в Румянцевский музей. После революции его коллекция в течение шести лет существовала как самостоятельный Музей старой западной живописи, а затем, в 1924 году, была присоединена к Музею изящных искусств. Выдающаяся собирательская деятельность Д. И. Щукина, коллекция которого, как было указано в специальном постановлении Народного комиссариата по просвещению, «легла краеугольным камнем картинной галереи Музея изящных искусств», была отмечена назначением его членом Ученого совета музея и хранителем отдела итальянской живописи. Из коллекции Д. И. Щукина в музей поступили: два венецианских вида Гварди, «Серебряный век» Кранаха, картины Херри мет де Блеса, Аверкампа, Терборха, Гойена, Шардена, Лоуренса.

В несколько приемов поступали в музей экспонаты из Музея-усадьбы «Остафьево», бывшего владения Шереметевых. Там находились произведения таких итальянских мастеров, как Лоренцо Коста, Доссо Досси, Маньяско, а также работы немецких художников.

Среди основных источников комплектования в постановлении о реорганизации Музея изящных искусств значилось собрание Г. А. Брокара. Из этой огромной коллекции, в которой оказалось много копий и подделок, было отобрано около 200 подлинников. Среди них произведения самого высокого качества, в том числе картины Чимы да Конельяно, Кербекке, Блумарта, Строцци, Маньяско.

Уже в первые годы революции некоторые коллекционеры передали в Румянцевский музей свои собрания, которые также в дальнейшем обогатили Музей изящных искусств. Среди них особенно интересны собрания Л. К. Зубалова, К. А. Хребтович-Бутенева, М. А. Грачевой. Весьма значительными для раздела французского и немецкого искусства XIX века оказались поступления из коллекции бывшего председателя Общества друзей Румянцевского музея П. И. Харитоненко и его жены. Это картины барбизонцев: Диаса, Дюпре, Добиньи, Тройона, Руссо, а также Коро. Интересной была коллекция живописи Д. П. Боткина, друга П. М. Третьякова, председателя Московского общества любителей художеств.

В 1929 году умер художник И. С. Остроухов — видный художественный деятель конца XIX — начала XX века, крупнейший знаток искусства, один из самых образованных русских коллекционеров. После революции собрание Остроухова было национализировано и превращено в Государственный музей иконописи и живописи, носящий его имя. Картины западноевропейских мастеров из этого собрания свидетельствуют о широте художественных вкусов его владельца: «Двое святых» Тьеполо, «Лондон» Добиньи, «Портрет Антонена Пруста» Мане.

В 1925 году в Музей изящных искусств были переданы картины западноевропейских художников из Третьяковской галереи. В основном это были произведения французских мастеров XIX века. Наиболее значительной частью поступления явились картины из собрания младшего брата П. М. Третьякова—С. М. Третьякова, который в 1870—1880-х годах занимал видное место в общественной и культурной жизни Москвы. С. М. Третьяков собирал картины иностранных художников. Он нередко пользовался советами и посредничеством А. П. Боголюбова, известного живописца-мариниста. В Музей изящных искусств собрание С. М. Третьякова было передано целиком. В нем находилось более 80 картин. Среди них «Портрет молодого человека» Давида, единственная в советских собраниях картина Жерико «Этюд натурщика», полотна Коро, Добиньи, Делакруа, Милле, Курбе.

С начала 1930-х годов собирательская деятельность музея приобретает новые черты. Главные пути комплектования лежат теперь в поисках материалов в антикварных магазинах и у частных владельцев. Открываются новые возможности, действующие и сегодня: закупки с временных выставок, дары коллекционеров и художников. На базе обменов развиваются взаимоотношения с различными музеями.

Собирательская деятельность музея в 1930-е годы была исключительно плодотворной. Новые материалы во многих случаях дополнили разделы картинной галереи, а некоторые из них практически были созданы заново. Особое значение, например, имела передача в 1932 и 1933 годах византийских икон из Третьяковской галереи и Исторического музея. Эти редчайшие произведения создали небольшой, но важный раздел византийской живописи. Значительные для экспозиции картины были переданы из музеев в Курске и Загорске («Рынок в порту» и «Внутренний вид церкви» Эммануэля де Витте), из Музея-усадьбы «Останкино» («Драка» круга братьев Ленен), из Музея имени А. Н. Радищева в Саратове («Пейзаж Фонтенбло» Монтичелли) и многих других.

Активная деятельность музея (получившего в 1932 году новое название—Государственный музей изобразительных искусств, а в 1937 году— имя Александра Сергеевича Пушкина) по дальнейшему расширению, изучению и популяризации своих коллекций была нарушена с началом Великой Отечественной войны. Основной задачей в эти годы стало сохранение вверенных музею художественных сокровищ. Многие экспонаты, в том числе картины, были эвакуированы в тыл. Научные сотрудники сделали все от них зависящее для того, чтобы ни один памятник музея при этом не пострадал. Коллекции вернулись в Москву, когда война шла к своему завершению. Начались восстановление разрушенных бомбежками перекрытий здания музея, создание новой экспозиции. Возобновились научная и популяризационная работа, а также комплектование коллекций: во второй половине 1940-х годов через Государственную закупочную комиссию было приобретено такое редкое и качественное произведение, как стенка кассоне «Убийство Юлия Цезаря» из мастерской итальянского мастера XV века Аполлонио ди Джованни. Начиная с 1944 и по 1967 год вся деятельность по комплектованию музея осуществлялась под руководством профессора Б. Р. Виппера, выдающегося историка искусства и музейного деятеля. Новой кульминацией в истории картинной галереи музея стал 1948 год. В этом году было принято решение о закрытии и распределении коллекций Государственного музея нового западного искусства между Музеем изобразительных искусств имени А. С. Пушкина и Эрмитажем. Основу коллекции Государственного музея нового западного искусства составляли собрания двух московских коллекционеров начала столетия— С. И. Щукина и И. А. Морозова. Оба собрания, национализированные в 1918 году, до 1923 года существовали как два самостоятельных музея: Первый и Второй музеи новой западной живописи. В 1923 году произошло их формальное объединение. В 1928 году оба отделения были соединены территориально на базе морозовского собрания, и Государственный музей нового западного искусства получил полную самостоятельность. Основатели собрания—С. И. Щукин и И. А. Морозов—первыми в России стали целеустремленно собирать французское искусство нового времени, начиная с импрессионистов, и за сравнительно короткий срок оба сумели создать коллекции, которые бесспорно принадлежали к числу наиболее значительных в мире. Обнаружив в своей коллекционерской деятельности редкую художественную интуицию, высокий вкус и полную самостоятельность, С. И. Щукин и И. А. Морозов вместе с тем широко пользовались советами русских художников, и в первую очередь Константина Коровина и Валентина Серова. Картины приобретались ими в Париже у крупных торговцев: Дюран-Рюэля, Воллара, Бернхейма, Канвейлера, а также с выставок «Осеннего салона», «Салона независимых». Частое посещение выставок и мастерских, переписка с художниками, заказы на работы для украшения московских особняков Дени, Боннару, Матиссу сделали Щукина и Морозова известными в художественных кругах Парижа тех лет.

Собрание С. И. Щукина, положившего начало своей коллекции в 1898 году покупкой картины Моне «Сирень на солнце», было широко открыто для посещений и хорошо знакомо москвичам. Особенно полно были представлены здесь Моне, Дега, Ренуар, Гоген, Сезанн, Руссо, Дерен, Матисс и Пикассо. Для интересов С. И. Щукина характерно также наличие работ Уистлера, Брэнгвина, Либермана. Собрание И. А. Морозова было малодоступно для обозрения и в силу этого менее известно. К шедеврам его коллекции можно отнести «Бульвар Капуцинок» Моне, «Портрет Жанны Самари» Ренуара, «Прогулку заключенных», «Красные виноградники» и «Пейзаж в Овере после дождя» Ван Гога, «Девочка на шаре» Пикассо, а также картины Сезанна, Гогена, Боннара. Из Государственного музея нового западного искусства были получены также картины из собрания брата И. А. Морозова—М. А. Морозова, который наряду с русской живописью собирал картины новых французских мастеров.

В последние десятилетия картинная галерея музея получила дополнительные стимулы и возможности для своего развития. Нового размаха достигла выставочная деятельность. Ежегодно музей устраивает на материале своих коллекций, а также коллекций зарубежных музеев большое число крупных выставок. В музее экспонировались картины из Дрезденской галереи, парижского Лувра, мадридского Прадо, музея Метрополитен в Нью-Йорке, Национальной галереи в Лондоне, Музея изобразительных искусств в Будапеште, Национальной галереи в Варшаве, Национального музея в Праге, а также из музеев Австралии, Японии, Италии, Мексики, Польши, Австрии. В стенах музея показывались такие произведения, как «Сикстинская мадонна» Рафаэля, «Джоконда» и «Дама с горностаем» Леонардо да Винчи, «Вид Толедо» Эль Греко, «Собор в Солсбери» Констебла, «Свобода на баррикадах» Делакруа, «Мальчик-флейтист» Мане.

Большое место уделяет музей популяризации современного искусства, регулярно показывая на выставках произведения выдающихся мастеров XX века. В музее состоялись выставки Матисса, Пикассо, Леже, Сикейроса, Ороско, Моранди, Гуттузо, Кента, Шагала, Мондриана. В свою очередь музей широко показывает за рубежом шедевры своего собрания, они побывали во Франции, Германии, Голландии, Венгрии, Канаде, США, Италии, Испании, Великобритании, Японии и многих других странах. Эти обмены сделали картинную галерею музея хорошо известной всему миру. Свидетельством ее популярности являются многочисленные дары художников и коллекционеров многих стран мира. Среди дарителей крупнейшие художники современности: Гуттузо, Фужерон, Сикейрос, Кент, а также коллекционеры и наследники художников: А. Хаммер, Л. Делекторская, Н. Леже, М. Каганович и другие.

Новый этап в жизни картинной галереи музея наступил с открытием в 1994 году нового подразделения—Музея личных коллекций, созданного на основе даров российских коллекционеров.

В музей из собраний И. С. Зильберштейна, А. Н. Рамма, Т. А. Мавриной, М. И. Чуванова, С. Т. Рихтера, наследников выдающихся российских художников поступили иконы, а также картины Боровиковского, Репина, Коровина, Бенуа, Бакста, Родченко, Фалька, Тышлера, Штеренберга, Краснопевцева и многих других известных мастеров. Они раздвинули границы музейного собирательства, позволили показать отечественное искусство в ряду мировой художественной культуры.

The picture gallery of the Pushkin Museum of Fine Arts in Moscow is the artistically most valuable, though not the only part of its vast and manifold collections; it contains foreign works of art from antiquity to the present day, and covers a long span of time in excess of five millennia. The Museum houses some three thousand prints and drawings, including the world's largest collection of Russian graphic art; a superb collection of Egyptian antiquities, unique Fayum portraits and Coptic textiles among them; antique sculptures and Greek vases; as well as thousands of items of applied art, coins and medals. The Museum's collection of plaster casts from famous classical Greek and Roman statues, from sculptures of the Middle Ages and the Renaissance, is one of the world's largest for the number of exhibits and completeness of their selection.

The Museum came into being and kept developing in a way somewhat diverging from the usual pattern set by most other museums in the nineteenth and early twentieth century, having formed by building on already existing collections.

The idea of establishing in Moscow an art museum to display specimens of world art was conceived as early as the 1750s, and it enjoyed all through the next century the enthusiastic support of Moscow's intellectuals. It found perhaps the most spectacular expressions in the famous project for an aesthetical museum, promulgated in 1831 by the Princess Zinaida Volkonskaya, and the selfless efforts by several successive generations of university professors who gathered educational art collections for Moscow University. The driving inspiration for these designs derived from progressive social ideas on the lofty enlightening and educational purpose of art. "With all my heart, I wish ardently for an art museum to be created as the great promoter of higher education in this our oldest Russian capital Moscow, in the city where the University, yet another intellectual centre, influences so benevolently not only the younger generations, but also our society, literature and the whole life in Russia", wrote in 1858 Professor K. Gertz, the first to hold the Chair of Art History at Moscow University.

The transfer to Moscow from St. Petersburg of Count Rumyantsev's collection provided the nucleus for the opening in 1862 of what came to be known as the Rumyantsev Museum. Thus, the first public museum displaying both Russian and foreign works of art was founded in Moscow. However lack of financial support, shortage of space and the haphazard, unsystematic character of the Rumyantsev Museum's collections did nothing to relieve the problem of creating a museum of classical art and, if anything, gave it greater urgency. It was by no means accidental that the founder of the new museum was a professor at Moscow University and Director of the Rumyantsev Museum, Ivan Tsvetayev (1847-1913). Against great difficulties, he managed to do two things in which his predecessors had failed: obtain tenure for a land allotment in the city centre and raise sufficient private subsidies to commission the museum's building and acquire its first collections. The contest for the best design of the museum building was won by the reputed Moscow architect Roman Klein (1858-1924). The ceremony of laying the foundation of the Museum of Fine Arts named after Emperor Alexander III took place on the 29 th (17 th) of August 1898. The Royal family and Moscow's highest executives attended the ceremony. The Museum was administered by the University, its collections were made up of plaster casts from classical statues and, by its inauguration date, the splendid collection of Egyptian antiquities acquired in 1909 from the noted Egyptologist Vladimir Golenishchev (1856-1947). The fact that it had, in addition, a relatively small number of early Italian paintings did not alter the Museum's general complexion, though it did point to ways and possibilities for further acquisitions. Back in 1898, Tsvetayev told Klein, the museum's architect, that future generations would very much like to see a picture gallery added to its holdings. In that same vein he wrote in 1911: "As regards painting, it moves itself unto us of its own accord. It has come from Italy, owing to the generosity of three persons who, having been born in Moscow, and, after a long sojourn abroad, for the most part in Italy, wished to donate their collections of paintings to Moscow's Museum of Fine Arts... Thus forceful reality reversed our former designs to afford room in the new museum to sculpture alone".

A new stage in the Museum's activities came in the first post-revolutionary years. In 1924, the People's Commissariat for Education passed a decree on reorganising the Museum of Fine Arts and replenishing its collections with original works, primarily paintings. The first two halls of the picture gallery were opened to the public after an official ceremony in November 1924, during the celebrations of the 7th Anniversary of the October Revolution. At the same time, a temporary exhibition was put on display, showing paintings transferred to the Museum from the Hermitage and other collections in Leningrad. This event rendered an invaluable service to Moscow's cultural life in those years. For the Museum it became, in effect, its second birth as it signified an upgrading of the former educationally oriented collection into a full-fledged art museum based on original works of art. This new art museum in Moscow was set up by selection from private collections which were made part of centralised depositories by decrees on the nationalisation of valuable works of art as well as by redistributing of the collections of already existing museums. At present, the opinions concerning those methods may differ, but it was the reality of those days. Great importance was attached to advancing museum management through the ensuing decrees on the registration and protection of art monuments. Appropriately, the key reason precipitating the Council of People's Commissars' decree of September 24, 1918, On Prohibition of Exports Abroad of Art Objects and Antiquities was the mishap with the painting Madonna and Child of the Botticelli school, from the former collection of the Princess Meshcherskaya, now part of the Museum's collection.

"The gallery of old western painting is a fait accompli on Moscow's artistic scene. It really owes its origin to the freshness and broad perspective of the museum-related plans in this revolutionary epoch. We strongly believe this spirit of revolutionary creativity will help its own child to strengthen and develop", wrote in 1926 N. Romanov, Director of the Museum and former Curator of the Department of Fine Arts and Classical Antiquities in the Rumyantsev Museum. Anatoli Lunacharsky, People's Commissar for Education, who attended personally the special session of the Museum's Scientific Council dedicated to the opening of the picture gallery, noted in his speech of welcome that, inaugurated in Moscow for the first time ever was a first-class gallery of paintings by old western masters, worthy of the capital.

There are distinct major phases in the history of the Museum's picture gallery. The first, from 1924 to 1930, was the time of fast growth for the Museum's collection. These years saw immense management and research effort and vigour thrown in to review hundreds of collections and tens of thousands of art works in order to select those worthy of the Museum's painting collection. The effort was directed by N. Romanov (1867-1948), a specialist in foreign art whose name figures as prominently in the Museum's history as those of its founders. It is to Romanov's scientific competence, enthusiasm and vision that we owe the part of the gallery exhibiting the old masters.

A large contribution to the picture gallery in those formative years was made by outstanding scholars Victor Lazarev and Alexander Efros, as well as artist Igor Grabar, who headed at the time the Department of Museum Administration and Protection of Art Monuments and Antiquities. Within six years the Museum came to amass a substantial collection of paintings which included works of the highest artistic merit. The principal contributors were the Rumyantsev Museum and the Tretyakov Gallery depositing to the Museum works of West European art, and of course the Hermitage. Numerous paintings and other art objects came from nationalised private collections. Thus the Museum's holdings reflected faithfully the history of centralised as well as private collecting experience in Russia. A systematic program of acquisitions for the Museum of Fine Arts commenced in 1924. However the very first paintings had arrived from St. Petersburg long before the Museum, leave along the picture gallery, came into being. They included a gift from the Russian diplomat M. Shchekin, Russia's Consul General at Trieste, who in 1909 donated to the Museum, then still under construction, Italian paintings of the fourteenth and fifteenth centuries and Italian-Cretan icons. The gift was to prove prophetic in later years while its items were the ones Tsvetayev had in mind when he said that painting "moved itself unto us of its own accord".

Contributions from old collections in St. Petersburg, and the Hermitage above all, were definitive for the composition and standard of the picture gallery. Paintings from the Hermitage were contributed to the Museum of Fine Arts on several occasions, noteworthy among them being the Hermitage contribution of 1924. It included a number of first-rate paintings, such as two very rare temperas of Sassetta, a Sienese master of the first half of the fifteenth century; Rubens's study for *The Last Supper, At the Fishmonger's* by Snyders, and canvases of Van Dyck and Strozzi. The years 1925, 1927 and 1928 were remarkable for the transfer of works by seventeenth-and eighteenth-century French painters, among them, *The Bivouac* and *Satire upon the Physicians* by Watteau, *Attributes of the Arts* by Chardin, and *The Street Organ-Player* by Fragonard. In 1930 this period culminated in the arrival from the Hermitage of paintings whose artistic excellence set once and for all the European standing of the whole collection. They were the *Landscape with Hercules and Cacus* and *Rinaldo and Armida* by Poussin, *The Bacchanal* by Rubens, *Morning of a Young Man* by Pieter De Hooch and works by Cranach, Veronese, Murillo and three portraits by Rembrandt.

Great wealth had been amassed in St. Petersburg's private collections. About 150 paintings, among them masterpieces like *The Rape of Europa* by Claude Lorrain, *Dido's Death* by Tiepolo and *Hercules and Omphale* by Boucher were added to the Museum from the collection of the Princes Youssoupov. A large portion of their collection of about 70 paintings was received in 1924 from E. Shuvalova's Memorial Museum. The Shuvalovs' collection proved extremely valuable for the Museum because, apart from the marvellous seventeenth-century Dutch and Flemish paintings (Ruisdael's *View of the Village of Egmond*, Jordaens' *Flight into Egypt* and others) it held a selection of Spanish paintings, altogether rare in Soviet collections (Pereda and Zurbarán), and paintings of sixteenth-century German masters.

Since the 18th century the Stroganov family, closely associated with developments in Russian arts, had been vigorously collecting paintings. Those of special importance for the Museum of Fine Arts included the works acquired by Count P. Stroganov in the mid-19th century in Italy. Largely, they were pictures by Italian masters of the late fifteenth—early sixteenth century. The collection included *The Deposition from the Cross* by Cima da Conegliano, *The Annunciation* by Botticelli and Boltraffio's *St Sebastian*.

In January 1924 the picture gallery absorbed over 500 paintings of West European artists, from the department of fine arts of the former Rumyantsev Museum in Moscow. The Rumyantsev's collection of West European painting had originated in 1862. Its nucleus was composed of the 200 paintings that were sent over from the Hermitage as a gift to the new museum in its foundation year. The pictures were selected by Professor Waagen, director of the picture gallery in the Berlin Museum, and included an array of masterpieces with *Ahasuerus, Haman and Esther* by Rembrandt, *Mucius Scaevola* by Rubens, and *Lot and His Daughters* by Arent de Gelder. In later years the Rumyantsev Museum kept increasing its stock exclusively through donations from private collectors contributing their collections in full or in part. Artist N. Mosolov bequeathed in 1914 an excellent collection of Dutch prints including Rembrandt's etchings of unique quality and paintings of West European masters, acquired by his father and grandfather. A modest but valuable collection was presented to the Rumyantsev Museum in 1901 by D. Khomyakov, member of

the committee responsible for organising the Museum of Fine Arts. Sizeable extensions to the collection of the Rumyantsev Museum were made by a noted publicist N. Kolyupanov, and M. Lvova who donated the collection of her husband N. Lvov, a poet, musician and architect. Paintings of nineteenth-century French artists were contributed by the Mukhanov brothers who had been close in the 1840s-50s to the circle of writers and painters whose one-time members were Gogol, Briullov and Ivanov. In addition to the paintings the Rumyantsev offered also drawings and prints, coins and medals, and a library.

Paintings from private collections in Moscow enriched immensely the Museum of Fine Arts during its formative period throughout the 1920s. A collector of tremendous cultural background and fine taste, D. Shchukin, gave undisputed preference to old art, with particular fondness for Dutch and German painters. He spent thirty years gathering his collection, mostly in Russia, and long before the Revolution had already donated some paintings to the Rumyantsev Museum. After the Revolution his collection existed for six years as an independent museum of old western painting and later, in 1924, was added to the Museum of Fine Arts. Shchukin's collection, as noted in a special decision of the People's Commissariat for Education, "laid down a cornerstone in the picture gallery of the Museum of Fine Arts"; to recognise his outstanding service as a collector, Shchukin himself was appointed a member of the Museum's Scientific Council and curator of the Department of Italian Painting. The donations from his collection included brilliant paintings: two *Views of Venice* by Guardi regarded among the painter's best creations, *The Silver Age* by Cranach, and works of Herri met be Bles, Avercamp, Terborch, Goyen, Chardin, and Lawrence.

Exhibits from the Museum estate of Ostafievo, a former property of the Counts Sheremetev, arrived in a few successive deliveries. Found on display there were paintings of Italian masters Lorenzo Costa, Dosso Dossi, Magnasco and works of German artists.

The decision to reorganise the Museum of Fine Arts listed G. Brokar's collection among the major sources of acquisition. Of this large collection, found on close scrutiny to have many copies and fakes, 200 originals were selected, among them works of extraordinary artistic merit, e. g. those by Cima da Conegliano, Koerbecke, Bloemaerts Strozzi, and Magnasco.

Already in the first years after the Revolution some collectors contributed to the Rumyantsev Museum canvases that were later to enrich appreciably the Museum of Fine Arts. Of special interest among these collections were those of L. Zubalov, K. Khrebtovich-Butenev, and M. Gracheva. The Museum's Department of nineteenth century French and German Art benefited considerably by additions from the collection of former Chairman of the Society of Friends of the Rumyantsev Museum P. Kharitonenko and his wife. The collection comprised for the most part the Barbizon school painters: Diaz, Dupré, Daubigny, Troyon, Rousseau, and also Corot. No less important was the collection of D. Botkin, a friend of Pavel Tretyakov's and Chairman of the Moscow Society of Art Lovers.

The artist Ilya Ostroukhov who died in 1929, had been a noted figure in late nineteenth—early twentieth century Russian art, an eminent art expert and one of the best-educated collectors in Russia. After the revolution the Ostroukhov collection was made the State Museum of Painting and Icon Painting, bearing his name. Works of West European masters from the collection reveal the wide-ranging artistic taste of its owner, noteworthy among them being *Two Saints* by Tiepolo, *London* by Daubigny, *Portrait of Antonin Proust* by Manet.

In 1925 the Museum of Fine Arts received paintings of West European artists from the Tretyakov Gallery. Principally, these were works of nineteenth-century French masters, with the largest share of the donation caming from the collection of Pavel Tretyakov's younger brother, Sergei Tretyakov, who had occupied a position of prominence in Moscow's social and cultural life in the 1870s-80s. He collected exclusively works of foreign painters and, in so doing, frequently sought the advice and mediation of A. Bogoliubov, a reputed marine painter. The more than 80 paintings of Sergei Tretyakov's collection were all transferred to the Museum of Fine Arts. Among them were David's *Portrait of* a *Young Man, Study of a Model* by Géricault, the only work by this master in Soviet collections, and canvases by Corot, Daubigny, Delacroix, Millet.

Since the early 1930s the Museum's collection programmes took on innovative features, its chief acquisition policy focusing on the search for suitable materials in antique stores and among private owners. Thus new opportunities presented themselves which are still effective today: these are purchases from temporary exhibitions, donations from collectors, and painters themselves. Relationships with other museums were established and expanded, primarily through exchanges.

The Museum's collection efforts in the 1930s were exceptionally fruitful. On many occasions new materials supplemented the existing departments of the picture gallery while on others they gave birth to new ones. An especially important entry, to take one example, resulted by acquisition, in 1932 and 1933, of Byzantine icons from the Tretyakov Gallery and the Historical Museum. These extremely rare pieces gave rise to a department of Byzantine painting, modest in size but major in importance. Significant additions came from museums in Kursk and Zagorsk (Emmanuel de Witte's *Market in the Haven* and *The Interior of the Church*), from the museum estate of Ostankino (Mathieu Le Nain's *La Rixe*), from the Radishchev Museum in Saratov (Monticelli's *Fontainbleau Landscape*) and many others.

In 1937, the centenary year of Alexander Pushkin's death, the Museum was named after him and thus acquired its present designation as the Pushkin Museum of Fine Arts. Its vigorous efforts to expand and promote its collections and its preoccupation with museum research and management had to be cut short with the outbreak of war—the Great Patriotic War of 1941-45. Preservation of the Museum's art treasures moved up as the foremost challenge and prime objective in the war years. Many exhibits, paintings included, were actually evacuated from Moscow into Russia'a hinterlands. The Museum's research staff and keepers were doing all they could to safeguard every single item against damage. As the war was drawing to its end the collections were brought back to Moscow where strenuous work began to repair the floorings destroyed during bombing raids, and put together a new display. Art research and popularisation programmes were resumed, and so were the Museum's plans for the addition of new holdings. In the second half of the 1940s they resulted in acquiring, through the mediation of the State Purchasing Committee, of so rare and valuable a masterpiece as the front cassone *The Assassination of Julius Caesar* by the fifteenth-century Italian master Apollonio di Giovanni.

Since 1944 through 1967 it was Professor Boris Vipper, the distinguished art historian and a towering figure on the museum scene, who was the spirit behind all the activities in replenishing the Museum's collections. A new high point in the history of the picture gallery came in 1948. That year it was decided to distribute the collections of the State Museum of Modern Western Art between the Pushkin Museum of Fine Arts and the Hermitage Museum. Essentially, the stocks of the State Museum of Modern Western Art were made up of the private collections, formerly owned by Sergei Shchukin and Ivan Morozov, Moscow's major collectors of western art in the early 20th century. Both their collections were nationalised in 1918 but existed until 1923 as two independent museums called respectively the First and Second Museums of Modern Western Painting. They were merged formally in 1923 and brought under the same roof in 1928 on the basis of Morozov's gallery, to become an independent Museum of Modern Western Art in its own right. The founders— Sergei Shchukin, and Ivan Morozov—had been the first Russian collectors intent on gathering French modernist art, beginning with the Impressionists. Within a relatively short time both had managed to build up collections ranking unquestionably among the most significant in the world. Both demonstrated, in their collecting pursuits, rare artistic intuition and foresight, exquisite taste and total independence. Nonetheless Shchukin and Morozov would often turn for advice to Russian painters, more than others to Konstantin Korovin and

Valentin Serov. They bought paintings from major dealers in Paris, such as Durand-Ruel, Vollard, Bernheim and Kahnweiler as well as from the *Salon d'Automne* and *Salon des Indépendants*. By frequently visiting exhibitions and artists' studios, keeping up lively correspondence with painters, and commissioning painters like Denis, Bonnard and Matisse for paintings to adorn their Moscow mansions Shchukin and Morozov made themselves popular with Paris painters and dealers in those years.

The collection of Shchukin, started in 1898 by purchasing Monet's painting *The Lilac in the Sun*, was open to the public and became well-familiar to Muskovites. It represented with extraordinary completeness the art of Monet, Degas, Renoir, Gauguin, Cézanne, Derain, Matisse and Picasso. It was typical of Shchukin's more personal interest in art to have also the works ot Whistler, Brangwyn and Liebermann.

Morozov's collection, with limited access for public review and therefore not nearly as popular, featured quite a few masterpieces, among them *Boulevard des Capucines* by Monet, *Portrait of the Actress Jeanne Samary* by Renoir, *Prisoners at Exercise, Red Vineyards at Arles* and *Landscape at Auvers after the Rain* by Van Gogh, *Young Girl on a Ball by Picasso* and paintings by Cézanne, Gauguin and Bonnard. The acquisitions from the Museum of Modern Western Art involved also some canvases from the collection of Ivan Morozov's elder brother, Mikhail Morozov, primarily a collector of Russian painting who also purchased works of modern French masters.

In the last decades the Museum's picture gallery has received additional incentives and opportunities to develop further. With a new and wider scope given to its exhibition programs, the Museum has been able to arrange on a yearly basis numerous and extensive exhibitions, using for the purpose its own collections and those lent by foreign museums. It brought on display paintings from the Gemäldegalerie in Dresden, the Louvre in Paris, the Prado in Madrid, the Metropolitan Museum of Art in New York, the National Gallery in London, the Museum of Fine Arts in Budapest, the National Gallery in Warsaw, the National Museum in Prague, and also a number of museums in Australia, Japan, Italy, Mexico, Poland and Austria. The Pushkin Museum showed to the public Raphael's *Sistine Madonna*, Leonardo's *Mona Lisa* and *Portrait of a Lady with the Ermine*, El Greco's *View of Toledo*, Constable's *Salisbury Cathedral*, Delacroix's *Liberty Leading the People*, Manet's *The Fifer* and Van Gogh's *Café at Evening*.

Popularisation of contemporary art stands high on the Museum's list of priorities. Works of outstanding twentieth-century masters have been displayed on a regular basis through Museum-sponsored exhibitions. Those held to date were devoted to Matisse, Picasso, Leger, Siqueiros, Orozco, Morandi, Guttuso, Kent, Chagall, and Mondrian.

In its turn, the Pushkin Museum widely features abroad masterpieces from its own collection; to date, they have been put on display in France, Holland, Germany, Hungary, Canada, USA, Italy, Great Britain, Japan, and many other countries. These exchanges have made the Museum's picture gallery well known around the world. One proof of its popularity are numerous donations by artists and collectors from many countries. The donors include the foremost artists of modern times—Guttuso, Fougeron, Siqueiros, Kent, as well as collectors and artists' heirs—A. Hammer, L. Delektorskaya, N. Leger, and M. Kaganovich, to name only a few.

A new period in the Museum's biography was begun as its new branch opened its doors in 1994. It is the Museum of Private Collections based on donations from Russian collectors—Ilya Zilberstein, Ramm, Tatyana Mavrina, M. Chuvanova, Svyatoslav Richter, as well as those belonging to the heirs of famous Russian artists. They have brought most outstanding icons and works by Borovikovsky, Repin, Korovin, Benois, Bakst, Rodchenko, Falk, Tyshler, Shternberg, Krasnopevtsev and many other artists of renown. This has extended the boundaries of the Museum's collecting activity and made it possible to show the proper place of Russian art on the world artistic scene.

РЕПРОДУКЦИИ
PLATES

1 Сассета (Стефано ди Джованни)
Итальянская школа
Св. Лаврентий и св. Стефан

Sassetta (Stefano di Giovanni)
Italian School
St Laurence and St Stephen

2 | Мастерская Аполлонио ди Томазо
Итальянская школа
Убийство Юлия Цезаря

Workshop of Apollonio di Tomaso
Italian School
Assassination of Julius Caesar

3 | Сано ди Пьетро
Итальянская школа
Казнь Иоанна Крестителя

Sano di Pietro
Italian School
The Beheading of St John the Baptist

4 Сандро Боттичелли (Алессандро ди Мариано Филипепи)
Итальянская школа
Благовещение. 1490-е годы

Sandro Botticelli (Alessandro di Mariano Filipepi)
Italian School
The Annunciation. 1490s

5 Витторе Кривелли
Итальянская школа
Мадонна с младенцем в окружении святых
Полиптих. Около 1480

Vittore Crivelli
Italian School
Madonna and Child with Saints
Polyptych. C. 1480

6 | Джованни Баттиста Чима да Конельяно
Итальянская школа
Снятие с креста

Giovanni Battista Cima da Conegliano
Italian School
The deposition from the Cross

7 Джованни Антонио Больтраффио
Итальянская школа
Св. Себастьян

Giovanni Antonio Boltraffio
Italian School
St Sebastian

8 Доссо Досси (Джованни де Лутери)
Итальянская школа
Пейзаж со сценами из жизни святых

Dosso Dossi (Giovanni de Luteri)
Italian School
Landscape with the Scenes from the Life
of the Saints

9 Бронзино (Аньоло ди Козимо ди Мариано)
Итальянская школа
Св. семейство

Bronzino (Agnolo di Cosimo di Mariano)
Italian School
The Holy Family

10   Веронезе (Паоло Кальяри)   Veronese (Paolo Caliari)
Итальянская школа   Italian School
Минерва   Minerva

11 | Алессандро Маньяско
Итальянская школа
Вакханалия

Alessandro Magnasco
Italian School
The Bacchanal

12 Джованни Баттиста Тьеполо
Итальянская школа
Двое святых

Giovanni Battista Tiepolo
Italian School
Two Saints

13 | Франческо Гварди
Итальянская школа
Александр Македонский у тела убитого
персидского царя Дария

Francesco Guardi
Italian School
Alexander the Great at the Body of the Persian
King Darius

14 | Мастер из Месскирха
Немецкая школа
Распятие с предстоящими

Master of Messkirch
German School
The Crucifixion

15 Иоганн Кербекке
Немецкая школа
Бичевание Христа

Johann Koerbecke
German School
The Flagellation of Christ

16 | Лукас Кранах Старший
Немецкая школа
Плоды ревности
Из серии «Серебряный век» по Гесиоду. 1530

Lukas Cranach the Elder
German School
The Fruit of Jealousy
From the series *The Silver Age* after Hesiod. 1530

17 | Лукас Кранах Старший
Немецкая школа
Мадонна с младенцем
(фрагмент утраченной картины)

Lukas Cranach the Elder
German School
Madonna and Child
(detail of a lost picture)

Херри Мет де Блес
Нидерландская школа
Шествие на Голгофу

Herri Met de Bles
Netherlandish School
The Way to Calvary

19 Нидерландский мастер
первой половины XVI века
Рождество

Netherlandish Master
of the First Half of the XVI Century
The Nativity

20 | Ян Брейгель Бархатный
Нидерландская школа
Пейзаж. 1603

Jan Bruegel, called Velvet
Netherlandish School
Landscape. 1603

21 | Мартин Пепейн
Нидерландская школа
Придворный бал. 1604

Martin Pepyn
Netherlandish School
The Court Ball. 1604

22 | Питер Пауль Рубенс
Фламандская школа
Вакханалия. Около 1615

Peter Paul Rubens
Flemish School
The Bacchanal. C. 1615

23 | Питер Пауль Рубенс
Фламандская школа
Апофеоз эрцгерцогини Изабеллы. 1634

Peter Paul Rubens
Flemish School
The Apotheosis of Archduchess Isabella. 1634

Франс Снейдерс
Фламандская школа
Натюрморт с лебедем

Frans Snyders
Flemish School
Still-Life with a Swan

25 | Якоб Иорданс
Фламандская школа
Бегство в Египет. 1640

Jacob Jordaens
Flemish School
The Flight into Egypt. 1640

27 | Виллем Клас Хеда
Голландская школа
Ветчина и серебряная посуда. 1649

Willem Claesz Heda
Dutch School
Dutch Ham and Silver Utensils. 1649

28 | Рембрандт Харменс ван Рейн
Голландская школа
Портрет старушки
(жены брата художника (?). 1654

Rembrandt Harmensz van Rijn
Dutch School
Portrait of an Old Woman
(Artist's Sister-in-Law(?). 1654

29 | Рембрандт Харменс ван Рейн
Голландская школа
Артаксеркс, Аман и Эсфирь. 1660

Rembrandt Harmensz van Rijn
Dutch School
Ahasuerus, Haman and Esther. 1660

30 Абрахам ван Бейерен
Голландская школа
Завтрак

Abraham van Beyeren
Dutch School
Breakfast-piece

31 | Герард Терборх
Голландская школа
Портрет дамы. 1660-е годы

Gerard Terborch
Dutch School
Portrait of a Lady. 1660s

32 | Эммануэль де Витте
Голландская школа
Рынок в порту. 1660-е годы

Emmanuel de Witte
Dutch School
Market in the Haven. 1660s

Питер де Хох
Голландская школа
Утро молодого человека. 1653/55

Pieter de Hooch
Dutch School
Morning of a Young Man. 1653/55

34 Габриэль Метсю
Голландская школа
Девушка за работой

Gabriel Metsu
Dutch School
Young Girl at Work

35 Педро Эспаларгес (?)
Испанская школа
Архангел Михаил,
взвешивающий души умерших

Pedro Espalarguez(?)
Spanish School
Archangel Michael
Weighing the Souls of the Dead

36 | Хусепе де Рибера
Испанская школа
Апостол Иаков Старший

Jusepe de Ribera
Spanish School
Apostle James the Elder

Антонио Переда
Испанская школа
Натюрморт с часами. 1652

Antonio Pereda
Spanish School
Still-Life with a Clock. 1652

38   Франсиско де Сурбаран
Испанская школа
Мадонна с младенцем. 1658

Francisco de Zurbarán
Spanish School
Madonna and Child. 1658

39 Бартоломе Эстебан Мурильо
Испанская школа
Девочка — продавщица фруктов

Bartolomé Esteban Murillo
Spanish School
The Fruit Vendor

40 | Джон Хоппнер
Английская школа
Портрет С. Р. Воронцова. Около 1800

John Hoppner
English School
Portrait of S. Vorontsov. *C.* 1800

41 | Томас Лоуренс
Английская школа
Портрет Салли Сиддонс

Thomas Lawrence
English School
Portrait of Sally Siddons

42 Джон Констебл
Английская школа
Вид на Хайгет с Хемпстедских холмов.
Около 1830

John Constable
English School
View of Highgate from Hampstead Heath.
C. 1830

43 Французский мастер
второй половины XVII века
Портрет всадника в голубом

French Artist
of the Second Half of the XVII Century
Portrait of a Rider in Blue

44 | Никола Пуссен
Французская школа
Великодушие Сципиона. 1640/45

Nicolas Poussin
French School
Magnanimity of Scipio. 1640/45

45 | Никола Пуссен
Французская школа
Ринальдо и Армида. Начало 1630-х годов

Nicolas Poussin
French School
Rinaldo and Armida. Early 1630s

46 | Клод Лоррен (Клод Желле)
Французская школа
Похищение Европы. 1655

Claude Lorrain (Claude Gellée)
French School
Rape of Europa. 1665

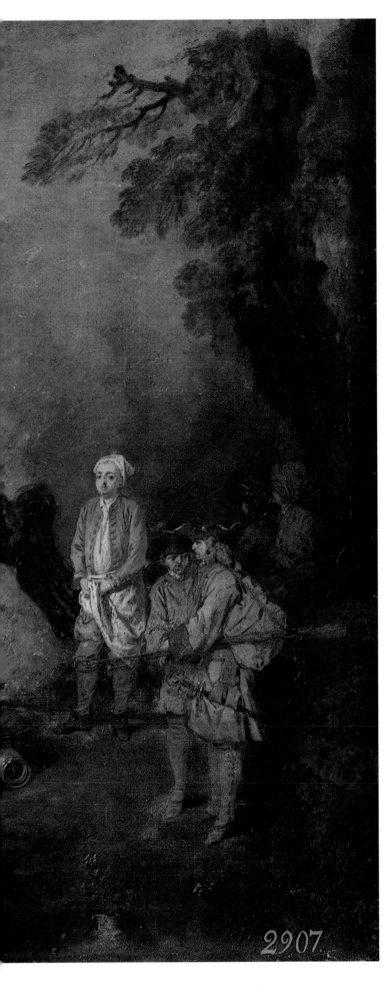

2907

47 | Жан Антуан Ватто
Французская школа
Бивуак. Около 1710

Jean Antoine Watteau
French School
The Bivouac. C. 1710

48 | Жан-Батист Франсуа Патер
Французская школа
Майский праздник. Начало 1730-х годов

Jean-Baptiste François Pater
French School
May Tree. Early 1730s

Никола Ланкре
Французская школа
Дама в саду

Nicolas Lancret
French School
Lady in the Garden

50 | Франсуа Буше
Французская школа
Геркулес и Омфала

François Boucher
French School
Hercules and Omphale

51 | Жан-Батист Симеон Шарден
Французская школа
Натюрморт с атрибутами искусства. 1760-е годы

Jean-Baptiste Siméon Chardin
French School
Still-Life with the Attributes of the Arts. 1760s

52 | Жан Оноре Фрагонар
Французская школа
У очага. Около 1760

Jean Honoré Fragonard
French School
At the Fireplace. C. 1760

53 | Жозеф Верне
Французская школа
Вилла Памфили. 1749

Joseph Vernet
French School
Villa Pamphili. 1749

54 | Жак Луи Давид
French School
Французская школа
Автопортрет. Около 1789

Jacques Louis David
French School
Self-Portrait. C. 1789

55 | Жак Луи Давид
French School
Андромаха, оплакивающая смерть Гектора. 1783

Jacques Louis David
French School
Andromache Lamenting over Hector. 1783

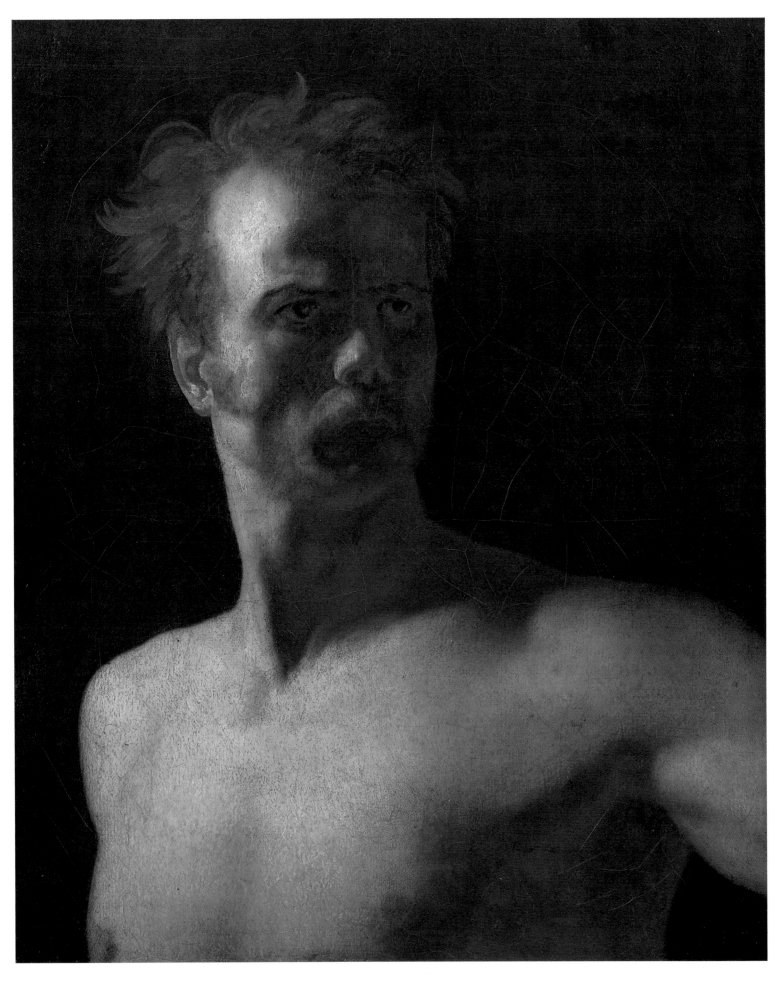

56 | Теодор Жерико
French School
Французская школа
Этюд натурщика. Около 1811

Théodore Géricault
French School
Study of a Model. C. 1811

57 | Жан-Батист Камиль Коро
Французская школа
Утро в Венеции. 1834

Jean-Baptiste Camille Corot
French School
Morning in Venice. 1834

58 | Жан-Батист Камиль Коро
French School | Французская школа
Haycart | Воз сена

Jean-Baptiste Camille Corot
French School
Haycart

59 Жан-Батист Камиль Коро
Французская школа
Замок Пьерфон

Jean-Baptiste Camille Corot
French School
Château de Pierrefonds

Шарль Франсуа Добиньи
Французская школа
Лондон. 1866

Charles François Daubigny
French School
London. 1866

61 | Жан Франсуа Милле
Французская школа
Собирательницы хвороста (угольщицы).
1850-е годы

Jean François Millet
French School
Brushwood Pickers (*Les Charbonnières*).
1850s

62 Эдуард Мане
Французская школа
Кабачок. 1878/79

Edouard Manet
French School
In the Tavern. 1878/79

63 | Клод Моне
Французская школа
Завтрак на траве. 1866

Claude Monet
French School
Luncheon on the Grass. 1866

64 | Клод Моне
Французская школа
Бульвар Капуцинок в Париже. 1873

Claude Monet
French School
Boulevard des Capucines in Paris. 1873

65 | Клод Моне
Французская школа
Белые кувшинки. Живерни. 1899

Claude Monet
French School
Water Lilies. Giverny. 1899

Клод Моне
Французская школа
Стог сена в Живерни. 1884/89

Claude Monet
French School
Haystack in Giverny. 1884/89

67 Клод Моне
Французская школа
Руанский собор в полдень. 1894

Claude Monet
French School
Rouen Cathedral at Noon. 1894

68 | Альфред Сислей
Французская школа
Мороз в Лувесьенне. 1873

Alfred Sisley
French School
Frost at Louveciennes. 1873

69 Камиль Писсарро
Французская школа
Оперный проезд в Париже. 1898

Camille Pissarro
French School
Avenue de l'Opera in Paris. 1898

70 | Пьер Огюст Ренуар
Французская школа
Обнаженная. 1876

Pierre Auguste Renoir
French School
A Nude. 1876

71 | Пьер Огюст Ренуар
Французская школа
Портрет актрисы Жанны Самари. 1877

| Pierre Auguste Renoir
French School
Portrait of the Actress Jeanne Samary. 1877

72 | Пьер Огюст Ренуар
Французская школа
Девушки в черном. Начало 1880-х годов

Pierre Auguste Renoir
French School
Girls in Black. Early 1880s

73 Эдгар Дега
Французская школа
Танцовщица у фотографа

Edgar Degas
French School
Dancer at the Photographer's

74 | Эдгар Дега
French School
Проездка скаковых лошадей

Edgar Degas
French School
Racehorses

75 | Эдгар Дега
Французская школа
Голубые танцовщицы. Около 1899

Edgar Degas
French School
Dancers in Blue. C. 1899

76 | Поль Сезанн
Французская школа
Пьеро и Арлекин. 1888

Paul Cézanne
French School
Pierrot and Arlequin (*Mardi Gras*). 1888

77 | Поль Сезанн
Французская школа
Равнина у горы св. Виктории. 1882/85

Paul Cézanne
French School
Le Mont Sainte-Victoire. 1882/85

78 | Поль Сезанн
Французская школа
Акведук. 1885/87

Paul Cézanne
French School
The Aqueduct. 1885/87

79 Поль Сезанн
Французская школа
Персики и груши. 1888/90

Paul Cézanne
French School
Peaches and Pears. 1888/90

80 | Анри де Тулуз-Лотрек
Французская школа
Певица Иветт Гильбер. 1894

Henri de Toulouse-Lautrec
French School
The Singer Ivette Guilbert. 1894

81 | Поль Гоген
Французская школа
Кафе в Арле. 1888

Paul Gauguin
French School
Café at Arles. 1888

TE ARii Vahine. P Gauguin 1896

Поль Гоген
Французская школа
Жена короля. 1896

Paul Gauguin
French School
The King's Wife. 1896

83 | Поль Гоген
Французская школа
Брод. 1901

Paul Gauguin
French School
Ford. 1901

84 | Винсент ван Гог
Голландская школа
Море в Сен-Мари. 1888

Vincent van Gogh
Dutch School
The Sea at Saintes-Maries. 1888

85 Винсент ван Гог
Голландская школа
Красные виноградники в Арле. 1888

Vincent van Gogh
Dutch School
Red Vineyards at Arles. 1888

86 | Винсент ван Гог
Голландская школа
Пейзаж в Овере после дождя. 1890

Vincent van Gogh
Dutch School
Landscape at Auvers After the Rain. 1890

87 | Поль Синьяк
Французская школа
Сосна. Сен-Тропез. 1909

Paul Signac
French School
Pine Tree. Saint-Tropez. 1909

88 | Жан Эдуард Вюйар
Французская школа
В комнатах. 1904

Jean Édouard Vuillard
French School
In the Rooms. 1904

89 | Пьер Боннар
Французская школа
Зеркало над умывальником. 1908

Pierre Bonnard
French School
Mirror over the Basin. 1908

Морис Вламинк
Французская школа
Барки на Сене. 1907

Maurice de Vlaminck
French School
Barks on the Seine. 1907

91 | Альбер Марке
Французская школа
Порт Онфлер. 1911

Albert Marquet
French School
Port of Honfleur. 1911

92 | Альбер Марке
Французская школа
Мост Сен-Мишель в Париже. 1908

Albert Marquet
French School
Pont Saint-Michel in Paris. 1908

94 | Анри Матисс
Французская школа
Марокканский триптих. 1912
Танжер. Зора на террасе
Вход в казба

Henri Matisse
French School
Moroccan Triptych. 1912
Tanger. Zora on the Terrace
Entrance to the Casbah

95 Анри Матисс
Французская школа
Красные рыбы. 1911

Henri Matisse
French School
Still-Life with Goldfish. 1911

96 | Анри Матисс
Французская школа
«Танец» и настурции. 1912

Henri Matisse
French School
«La Danse» with Nasturtiums. 1912

97 Андре Дерен
Французская школа
Субботний день. 1911/14

André Derain
French School
Saturday. 1911/14

98 Пабло Пикассо
Испанская школа
Испанка с острова Майорки. 1905

Pablo Picasso
Spanish School
Spanish Woman from Mallorca. 1905

99 | Пабло Пикассо
Испанская школа
Девочка на шаре. 1905

Pablo Picasso
Spanish School
Young Girl on a Ball. 1905

СПИСОК РЕПРОДУКЦИЙ
LIST OF PLATES

25. Якоб Иорданс. 1593—1678
Фламандская школа
Бегство в Египет. 1640
Холст, масло. 135 × 201

Jacob Jordaens. 1593—1678
Flemish School
The Flight into Egypt. 1640
Oil on canvas. 135 × 201

26. Ян Сиберехтс. 1627—1703
Фламандская школа
Вброд. 1669
Холст, масло. 94 × 116

Jan Siberechts. 1627—1703
Flemish School
Ford. 1669
Oil on canvas. 94 × 116

27. Виллем Клас Хеда. 1594—1680/82
Голландская школа
Ветчина и серебряная посуда. 1649
Дерево, масло. 97 × 80,5

Willem Claesz Heda. 1594—1680/82
Dutch School
Dutch Ham and Silver Utensils. 1649
Oil on panel. 97 × 80.5

28. Рембрандт Харменс ван Рейн. 1606—1669
Голландская школа
Портрет старушки (жены брата художника (?).
1654
Холст, масло. 74 × 63

Rembrandt Harmensz van Rijn. 1606—1669
Dutch School
Portrait of an Old Woman (Artist's Sister-in-Law(?).
1654
Oil on canvas. 74 × 63

29. Рембрандт Харменс ван Рейн. 1606—1669
Голландская школа
Артаксеркс, Аман и Эсфирь. 1660
Холст, масло. 73 × 94

Rembrandt Harmensz van Rijn. 1606—1669
Dutch School
Ahasuerus, Haman and Esther. 1660
Oil on canvas. 73 × 94

30. Абрахам ван Бейерен. 1620/21—1690
Голландская школа
Завтрак
Дерево, масло. 74 × 60

Abraham van Beyeren. 1620/21—1690
Dutch School
Breakfast-piece
Oil on panel. 74 × 60

31. Герард Терборх. 1617—1681
Голландская школа
Портрет дамы. 1660-е годы
Холст, масло. 62 × 46

Gerard Terborch. 1617—1681
Dutch School
Portrait of a Lady. 1660s
Oil on canvas. 62 × 46

32. Эммануэль де Витте. Около 1617—1692
Голландская школа
Рынок в порту. 1660-е годы
Холст, масло. 60,7 × 75,5

Emmanuel de Witte. C. 1617—1692
Dutch School
Market in the Haven. 1660s
Oil on canvas. 60.7 × 75.5

33. Питер де Хох. 1629—после 1684
Голландская школа
Утро молодого человека. 1653/55
Дерево, масло. 40 × 53

Pieter de Hooch. 1629 — after 1684
Dutch School
Morning of a Young Man. 1653/55
Oil on panel. 40 × 53

34. Габриэль Метсю. 1629—1667
Голландская школа
Девушка за работой
Дерево, масло. 35 × 27

Gabriel Metsu. 1629—1667
Dutch School
Young Girl at Work
Oil on panel. 35 × 27

35. Педро Эспаларгес (?). Конец XV — начало XVI века
Испанская школа
Архангел Михаил, взвешивающий души умерших
Дерево, темпера. 172 × 90

Pedro Espalarguez (?). Late XV — early XVI century
Spanish School
Archangel Michael Weighing the Souls of the Dead
Tempera on panel. 172 × 90

36. Хусепе де Рибера. 1591—1652
Испанская школа
Апостол Иаков Старший
Холст, масло. 66 × 53

Jusepe de Ribera. 1591—1652
Spanish School
Apostle James the Elder
Oil on canvas. 66 × 53

37. Антонио Переда. Около 1608—1678
Испанская школа
Натюрморт с часами. 1652
Холст, масло. 78 × 91

Antonio Pereda. C. 1608—1678
Spanish School
Still-Life with a Clock. 1652
Oil on canvas. 78 × 91

38. Франсиско де Сурбаран. 1598—1664
Испанская школа
Мадонна с младенцем. 1658
Холст, масло. 101 × 78

Francisco de Zurbarán. 1598—1664
Spanish School
Madonna and Child. 1658
Oil on canvas. 101 × 78

39. Бартоломе Эстебан Мурильо. 1617—1682
Испанская школа
Девочка — продавщица фруктов
Холст, масло. 76 × 61

Bartolomé Esteban Murillo. 1617—1682
Spanish School
The Fruit Vendor
Oil on canvas. 76 × 61

40. Джон Хоппнер. 1758—1810
Английская школа
Портрет С. Р. Воронцова. Около 1800
Холст, масло. 76 × 62

John Hoppner. 1758—1810
English School
Portrait of S. Vorontsov. C. 1800
Oil on canvas. 76 × 62

41. Томас Лоуренс. 1769—1830
Английская школа
Портрет Салли Сиддонс
Холст, масло. 40 × 34

Thomas Lawrence. 1769—1830
English School
Portrait of Sally Siddons
Oil on canvas. 40 × 34

42. Джон Констебл. 1776—1837
Английская школа
Вид на Хайгет с Хемпстедских холмов. Около 1830
Картон, масло. 24 × 30

John Constable. 1776—1837
English School
View of Highgate from Hampstead Heath. C. 1830
Oil on cardboard. 24 × 30

43. Французский мастер второй половины XVII века
Портрет всадника в голубом
Холст, масло. 46 × 35

French Artist of the Second Half of the XVII Century
Portrait of a Rider in Blue
Oil on canvas. 46 × 35

44. Никола Пуссен. 1594—1665
Французская школа
Великодушие Сципиона. 1640/45
Холст, масло. 114 × 163

Nicolas Poussin. 1594—1665
French School
Magnanimity of Scipio. 1640/45
Oil on canvas. 114 × 163

45. Никола Пуссен. 1594—1665
Французская школа
Ринальдо и Армида. Начало 1630-х годов
Холст, масло. 95 × 139

Nicolas Poussin. 1594—1665
French School
Rinaldo and Armida. Early 1630s
Oil on canvas. 95 × 139

46. Клод Лоррен (Клод Желле). 1600—1682
Французская школа
Похищение Европы. 1655
Холст, масло. 100 × 137

Claude Lorrain (Claude Gellée). 1600—1682
French School
Rape of Europa. 1665
Oil on canvas. 100 × 137

47. Жан Антуан Ватто. 1684—1721
Французская школа
Бивуак. Около 1710
Холст, масло. 32 × 45

Jean Antoine Watteau. 1684—1721
French School
The Bivouac. C. 1710
Oil on canvas. 32 × 45

48. Жан-Батист Франсуа Патер. 1695—1736
Французская школа
Майский праздник. Начало 1730-х годов
Холст, масло. 34 × 44

Jean-Baptiste François Pater. 1695—1736
French School
May Tree. Early 1730s
Oil on canvas. 34 × 44

49. Никола Ланкре. 1690—1743
Французская школа
Дама в саду
Холст, масло. 37 × 47

Nicolas Lancret. 1690—1743
French School
Lady in the Garden
Oil on canvas. 37 × 47

50. Франсуа Буше. 1703—1770
Французская школа
Геркулес и Омфала
Холст, масло. 90 × 74

François Boucher. 1703—1770
French School
Hercules and Omphale
Oil on canvas. 90 × 74

51. Жан-Батист Симеон Шарден. 1699—1779
Французская школа
Натюрморт с атрибутами искусства. 1760-е годы
Холст, масло. 53 × 110

Jean-Baptiste Siméon Chardin. 1699—1779
French School
Still-Life with the Attributes of the Arts. 1760s
Oil on canvas. 53 × 110

52. Жан Оноре Фрагонар. 1732—1806
Французская школа
У очага. Около 1760
Холст, масло. 25 × 35

Jean Honoré Fragonard. 1732—1806
French School
At the Fireplace. C. 1760
Oil on canvas. 25 × 35

53. Жозеф Верне. 1714—1789
Французская школа
Вилла Памфили. 1749
Холст, масло. 75 × 102
Joseph Vernet. 1714—1789
French School
Villa Pamphili. 1749
Oil on canvas. 75 × 102

54. Жак Луи Давид. 1748—1825
Французская школа
Автопортрет. Около 1789
Холст, масло. 63 × 52
Jacques Louis David. 1748—1825
French School
Self-Portrait. C. 1789
Oil on canvas. 63 × 52

55. Жак Луи Давид. 1748—1825
Французская школа
Андромаха, оплакивающая смерть Гектора. 1783
Холст, масло. 58 × 43
Jacques Louis David. 1748—1825
French School
Andromache Lamenting over Hector. 1783
Oil on canvas. 58 × 43

56. Теодор Жерико. 1791—1824
Французская школа
Этюд натурщика. Около 1811
Холст, масло. 64 × 53
Théodore Géricault. 1791—1824
French School
Study of a Model. C. 1811
Oil on canvas. 64 × 53

57. Жан-Батист Камиль Коро. 1796—1875
Французская школа
Утро в Венеции. 1834
Холст, масло. 27 × 40
Jean-Baptiste Camille Corot. 1796—1875
French School
Morning in Venice. 1834
Oil on canvas. 27 × 40

58. Жан-Батист Камиль Коро. 1796—1875
Французская школа
Воз сена
Холст, масло. 32 × 45
Jean-Baptiste Camille Corot. 1796—1875
French School
Haycart
Oil on canvas. 34 × 25

59. Жан-Батист Камиль Коро. 1796—1875
Французская школа
Замок Пьерфон
Дерево, масло. 45 × 37
Jean-Baptiste Camille Corot. 1796—1875
French School
Château de Pierrefonds
Oil on panel. 45 × 37

60. Шарль Франсуа Добиньи. 1817—1878
Французская школа
Лондон. 1866
Дерево, масло. 32 × 59
Charles François Daubigny. 1817—1878
French School
London. 1866
Oil on panel. 32 × 59

61. Жан Франсуа Милле. 1814—1875
Французская школа
Собирательницы хвороста (угольщицы). 1850-е
годы
Холст, масло. 37 × 45
Jean François Millet. 1814—1875
French School
Brushwood Pickers (Les Charbonnières). 1850s
Oil on canvas. 37 × 45

62. Эдуард Мане. 1832—1883
Французская школа

Кабачок. 1878/79
Холст, масло. 72 × 92
Edouard Manet. 1832—1883
French School
In the Tavern. 1878/79
Oil on canvas. 72 × 92

63. Клод Моне. 1840—1926
Французская школа
Завтрак на траве. 1866
Холст, масло. 130 × 181
Claude Monet. 1840—1926
French School
Luncheon on the Grass. 1866
Oil on canvas. 130 × 181

64. Клод Моне. 1840—1926
Французская школа
Бульвар Капуцинок в Париже. 1873
Холст, масло. 61 × 80
Claude Monet. 1840—1926
French School
Boulevard des Capucines in Paris. 1873
Oil on canvas. 61 × 80

65. Клод Моне. 1840—1926
Французская школа
Белые кувшинки. Живерни. 1899
Холст, масло. 89 × 93
Claude Monet. 1840—1926
French School
Water Lilies. Giverny. 1899
Oil on canvas. 89 × 93

66. Клод Моне. 1840—1926
Французская школа
Стог сена в Живерни. 1884/89
Холст, масло. 65 × 100
Claude Monet. 1840—1926
French School
Haystack in Giverny. 1884/89
Oil on canvas. 65 × 100

67. Клод Моне. 1840—1926
Французская школа
Руанский собор в полдень. 1894
Холст, масло. 100 × 65
Claude Monet. 1840—1926
French School
Rouen Cathedral at Noon. 1894
Oil on canvas. 100 × 65

68. Альфред Сислей. 1839—1899
Французская школа
Мороз в Лувесьенне. 1873
Холст, масло. 46 × 61
Alfred Sisley. 1839—1899
French School
Frost at Louveciennes. 1873
Oil on canvas. 46 × 61

69. Камиль Писсарро. 1830—1903
Французская школа
Оперный проезд в Париже. 1898
Холст, масло. 65 × 82
Camille Pissarro. 1830—1903
French School
Avenue de l'Opera in Paris. 1898
Oil on canvas. 65 × 82

70. Пьер Огюст Ренуар. 1841—1919
Французская школа
Обнаженная. 1876
Холст, масло. 92 × 73
Pierre Auguste Renoir. 1841—1919
French School
A Nude. 1876
Oil on canvas. 92 × 73

71. Пьер Огюст Ренуар. 1841—1919
Французская школа
Портрет актрисы Жанны Самари. 1877
Холст, масло. 56 × 47

Pierre Auguste Renoir. 1841—1919
French School
Portrait of the Actress Jeanne Samary. 1877
Oil on canvas. 56 × 47

72. Пьер Огюст Ренуар. 1841—1919
Французская школа
Девушки в черном. Начало 1880-х годов
Холст, масло. 81 × 65
Pierre Auguste Renoir. 1841—1919
French School
Girls in Black. Early 1880s
Oil on canvas. 81 × 65

73. Эдгар Дега. 1834—1917
Французская школа
Танцовщица у фотографа
Холст, масло. 65 × 50
Edgar Degas. 1834—1917
French School
Dancer at the Photographer's
Oil on canvas. 65 × 50

74. Эдгар Дега. 1834—1917
Французская школа
Проездка скаковых лошадей
Бумага, пастель. 36 × 86
Edgar Degas. 1834—1917
French School
Racehorses
Pastel on paper. 36 × 86

75. Эдгар Дега. 1834—1917
Французская школа
Голубые танцовщицы. Около 1899
Бумага, пастель. 64 × 65
Edgar Degas. 1834—1917
French School
Dancers in Blue. C. 1899
Pastel on paper. 64 × 65

76. Поль Сезанн. 1839—1906
Французская школа
Пьеро и Арлекин. 1888
Холст, масло. 102 × 81
Paul Cézanne. 1839—1906
French School
Pierrot and Arlequin (Mardi Gras). 1888
Oil on canvas. 102 × 81

77. Поль Сезанн. 1839—1906
Французская школа
Равнина у горы св. Виктории. 1882/85
Холст, масло. 58 × 72
Paul Cézanne. 1839—1906
French School
Le Mont Sainte-Victoire. 1882/85
Oil on canvas. 58 × 72

78. Поль Сезанн. 1839—1906
Французская школа
Акведук. 1885/87
Холст, масло. 91 × 72
Paul Cézanne. 1839—1906
French School
The Aqueduct. 1885/87
Oil on canvas. 91 × 72

79. Поль Сезанн. 1839—1906
Французская школа
Персики и груши. 1888/90
Холст, масло. 61 × 90
Paul Cézanne. 1839—1906
French School
Peaches and Pears. 1888/90
Oil on canvas. 61 × 90

80. Анри де Тулуз-Лотрек. 1864—1901
Французская школа
Певица Иветт Гильбер. 1894
Картон, темпера. 57 × 42
Henri de Toulouse-Lautrec. 1864—1901
French School

The Singer Ivette Guilbert. 1894
Tempera on cardboard. 57 × 42

81. Поль Гоген. 1848—1903
Французская школа
Кафе в Арле. 1888
Холст, масло 72 × 92

Paul Gauguin. 1848—1903
French School
Café at Arles. 1888
Oil on canvas. 72 × 92

82. Поль Гоген. 1848—1903
Французская школа
Жена короля. 1896
Холст, масло. 97 × 130

Paul Gauguin. 1848—1903
French School
The King's Wife. 1896
Oil on canvas. 97 × 130

83. Поль Гоген. 1848—1903
Французская школа
Брод. 1901
Холст, масло. 76 × 95

Paul Gauguin. 1848—1903
French School
Ford. 1901
Oil on canvas. 76 × 95

84. Винсент ван Гог. 1853—1890
Голландская школа
Море в Сен-Мари. 1888
Холст, масло. 44 × 53

Vincent van Gogh, 1853—1890
Dutch School
The Sea at Saintes-Maries. 1888
Oil on canvas. 44 × 53

85. Винсент ван Гог. 1853—1890
Голландская школа
Красные виноградники в Арле. 1888
Холст, масло. 73 × 91

Vincent van Gogh. 1853—1890
Dutch School
Red Vineyards at Arles. 1888
Oil on canvas. 73 × 91

86. Винсент ван Гог. 1853—1890
Голландская школа
Пейзаж в Овере после дождя. 1890
Холст, масло. 72 × 90

Vincent van Gogh. 1853—1890
Dutch School
Landscape at Auvers After the Rain. 1890
Oil on canvas. 72 × 90

87. Поль Синьяк. 1863—1935
Французская школа
Сосна. Сен-Тропез. 1909
Холст, масло. 72 × 92

Paul Signic. 1863—1935
French School

Pine Tree. Saint-Tropez. 1909
Oil on canvas. 72 × 92

88. Жан Эдуард Вюйар. 1868—1904
Французская школа
В комнатах. 1904
Картон, масло. 50 × 77

Jean Édouard Vuillard. 1868—1904
French School
In the Rooms. 1904
Oil on cardboard. 50 × 77

89. Пьер Боннар. 1867—1947
Французская школа
Зеркало над умывальником. 1908
Холст, масло. 120 × 97

Pierre Bonnard. 1867—1947
French School
Mirror over the Basin. 1908
Oil on canvas. 120 × 97

90. Морис Вламинк. 1876—1958
Французская школа
Барки на Сене. 1907
Холст, масло. 81 × 100

Maurice de Vlaminck. 1876—1958
French School
Barks on the Seine. 1907
Oil on canvas. 81 × 100

91. Альбер Марке. 1875—1947
Французская школа
Порт Онфлер. 1911
Холст, масло. 65 × 81

Albert Marquet. 1875—1947
French School
Port of Honfleur. 1911
Oil on canvas. 65 × 81

92. Альбер Марке. 1875—1947
Французская школа
Мост Сен-Мишель в Париже. 1908
Холст, масло. 65 × 81

Albert Marquet. 1875—1947
French School
Pont Saint-Michel in Paris. 1908
Oil on canvas. 65 × 81

93. Морис Утрилло. 1883—1955
Французская школа
Улица Мон-Сени. Около 1914—1915
Холст, масло. 48 × 63

Maurice Utrillo. 1883—1955
French School
La Rue du Mont-Cenis. C. 1914—15
Oil on canvas. 48 × 63

94. Анри Матисс. 1869—1954
Французская школа
Марокканский триптих. 1912
Холст, масло
Танжер — 115,5 × 80
Зора на террасе — 116 × 100
Вход в казба — 116,5 × 80

Henri Matisse. 1869—1954
French School
Moroccan Triptych. 1912
Oil on canvas
Tanger — 115.5 × 80
Zora on the Terrace — 116 × 100
Entrance to the Casbah — 116.5 × 80

95. Анри Матисс. 1869—1954
Французская школа
Красные рыбы. 1911
Холст, масло. 147 × 98

Henri Matisse. 1869—1954
French School
Still-Life with Goldfish. 1911
Oil on canvas. 147 × 98

96. Анри Матисс. 1869—1954
Французская школа
«Танец» и настурции. 1912
Холст, масло. 193 × 114

Henri Matisse. 1869—1954
French School
«La Danse» with Nasturtiums. 1912
Oil on canvas. 193 × 114

97. Андре Дерен. 1880—1954
Французская школа
Субботний день. 1911/14
Холст, масло. 181 × 229

André Derain. 1880—1954
French School
Saturday. 1911/14
Oil on canvas. 181 × 229

98. Пабло Пикассо. 1881—1973
Испанская школа
Испанка с острова Майорки. 1905
Картон, темпера, акварель, гуашь. 67 × 51

Pablo Picasso. 1881—1973
Spanish School
Spanish Woman from Mallorca. 1905
Tempera, water-colour and gouache on cardboard.
67 × 51

99. Пабло Пикассо. 1881—1973
Испанская школа
Девочка на шаре. 1905
Холст, масло. 147 × 95

Pablo Picasso. 1881—1973
Spanish School
Young Girl on a Ball. 1905
Oil on canvas. 147 × 95

На обложке:
Анри Матисс. 1869—1954
Французская школа
Фрукты и бронза. 1910
Холст, масло. 90 × 118

On the cover:
Henri Matisse. 1869—1954
French School
Fruit and Bronzes. 1910
Oil on canvas. 90 × 118

ГОСУДАРСТВЕННЫЙ МУЗЕЙ
ИЗОБРАЗИТЕЛЬНЫХ ИСКУССТВ
ИМЕНИ А. С. ПУШКИНА
Альбом
Автор вступительной статьи и составитель
И. А. Антонова

Макет и оформление художника В. М. Мельникова
Руководитель альбомной группы А. А. Трофимов
Редактор Т. И. Хлебнова
Редактор иностранного текста А. В. Чудова
Художественный редактор В. М. Мельников
Цветную корректуру выполнила Л. С. Артемова
Технический редактор В. Б. Лопухова
Корректор Л. П. Ганичева

ЛР № 010290 от 10.02.98 г.
Сдано в набор 15.12.98. Подписано в печать 16.03.99.
Формат 60 × 100 $^1/_8$. Гарнитура гельветика.
Печать офсетная. Усл. печ. л. 19,98. Уч.-изд. л. 20,257.
Изд. № 13-717. Тираж 7000. Заказ № 1740.
ОК-005-93; том 2: 954110

Издательство «Изобразительное искусство»
129272, Москва, Сущевский вал, 64

Тел. 281-25-52
Т./факс 281-15-63

Отпечатано в ГМП «Первая Образцовая типография»
Государственного комитета Российской Федерации
по печати.
113054, Москва, Валовая, 28

Бумага мелованная матовая, 150 г/кв.м. «ГЕЛАКСИ
КЕРАМИК». Эксклюзивный поставщик на территории
России «ВЕНПАП» (000) тел. 240-46-04, 240-46-93,
240-46-25, 240-46-96; факс 240-46-62, г. Москва 121059,
а/я 50
E-mail: Venpap @ aha. RU